국어 교과서 따라

예쁘고 바른 **글씨 쓰기**

초판 1쇄 인쇄 | 2017년 10월 20일
초판 3쇄 발행 | 2020년 09월 25일
편저자 | NH 기획
발행처 | 도서출판 새희망
발행인 | 이석형
등록번호 | 제2016-000004호
주소 | 경기도 의정부시 송현로 82번길 49
전화 | 02-923-6718 팩스 | 02-923-6719
ISBN | 979-11-88069-03-3 63710

■ 정가는 뒤표지에 있습니다.

국어 교과서 따라

예쁘고 바른

글씨 쓰기

NH 기획 편저

새희망

어린이 여러분!

우리는 왜 글을 쓸까요? 어떤 생각을 누군가에게 전달하려는데 상대방이 없는 경우 글로 남겨 생각을 전달할 수 있기 때문입니다. 또는 불현듯 깨달은 생각을 잊지 않고 오래 기억하기 위해서입니다. 그런데 그 글의 모양이 알아볼 수 없다면 어떻게 될까요?

상대방은 글을 보아도 그 뜻이 무엇인지 알 수 없을 것이고 시간이 지난 후에 자신이 쓴 글을 보아도 내가 무슨 생각으로 이 글을 썼는지 알 수 없게 됩니다. 결국 글을 쓴 목적을 달성하지 못하고 맙니다.

이처럼 글씨를 바르게 쓴다는 것은 단지 멋있어 보이기 위해서가 아니라 글을 쓰는 목적을 올바로 달성하기 위한 것이기도 합니다. 또한 글자를 바른 자세로 정성 들여 쓰는 버릇을 들이다 보면 여러분의 몸도 바르게 자라고 집중력도 좋아지는 효과도 얻을 수 있습니다.

어린이 여러분!

예쁘고 바른 글씨 쓰기를 따라 차근차근 매일 조금씩 연습해 보아요! 얼마 지나지 않아 예쁘고 바르게 글씨를 쓰고 있는 자기 자신에 놀라게 될 거에요.

인터넷과 스마트 폰의 사용으로 글씨를 직접 쓰는 일이 점점 적어지고 있습니다. 그래서 어떤 사람들은 글씨를 예쁘고 바르게 쓰는 것이 필요 없는 시대가 올 것이라고 말하기도 합니다. 그러나 자동차가 있다고 우리가 걷지 않고 살 수 없듯이 컴퓨터가 있다고 글씨를 쓰지 않고 살 수 없습니다. 오히려 자동차의 시대에 올바른 걸음걸이가 더욱 강조 되듯이 컴퓨터의 시대에 예쁘고 바른 글씨의 중요성이 커지고 있습니다.

○ 예쁘고 바른 글씨를 써야 하는 이유

예쁘고 바른 글씨를 쓰기 위해서는 반드시 바른 자세로 써야 합니다. 바른 자세는 몸이 곧게 자라는 데 도움이 됩니다. 예쁘고 바른 글씨를 쓰기 위해서는 반드시 정성을 들여야 합니다. 정성을 들인 글씨 쓰기는 집중력 향상에 큰 도움이 됩니다.

○ '예쁘고 바른 글씨 쓰기'의 특징

'예쁘고 바른 글씨 쓰기'에서는 국어 교과서에 나오는 글을 따라 쓰면서 연습하도록 하였습니다. 국어 교과서의 순서대로 장을 구성하여 학생들이 친숙한 문장으로 글씨를 연습할 수 있도록 하였습니다.

목 차

00장

"시작하기 전에"

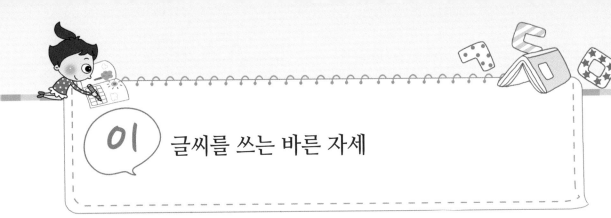

01 글씨를 쓰는 바른 자세

01 의자를 책상 쪽으로 당깁니다.

02 엉덩이를 의자 뒤쪽에 붙입니다.

03 허리를 곧게 폅니다.

04 고개는 약간 숙입니다.

05 공책을 똑바로 놓습니다.

06 글씨를 쓰지 않는 손으로 공책을 살짝 눌러 줍니다.

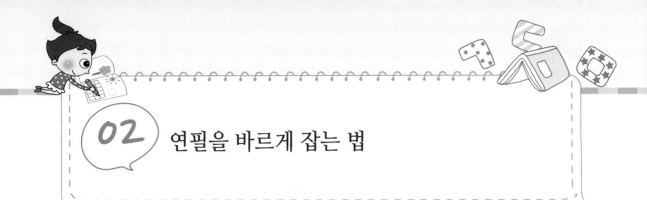

02 연필을 바르게 잡는 법

01 중지로 연필을 받쳐 주고 엄지와 검지를 모아서 연필을 쥡니다.

02 엄지와 검지는 동그라미 모양이 되도록 합니다.

03 동그라미가 되기 위해서는 엄지와 검지의 끝에만 힘을 살짝 주면 됩니다.

04 연필 심에서 3cm 정도 떨어진 위치를 잡습니다.

05 60도 각도를 유지합니다.

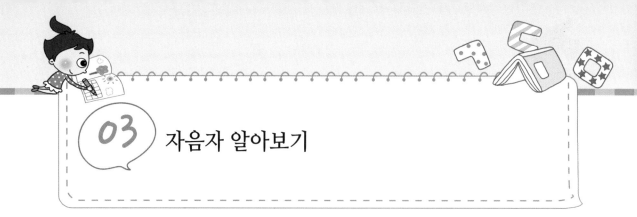

03 자음자 알아보기

 바른 자세로 앉아 글씨를 써 볼까요?

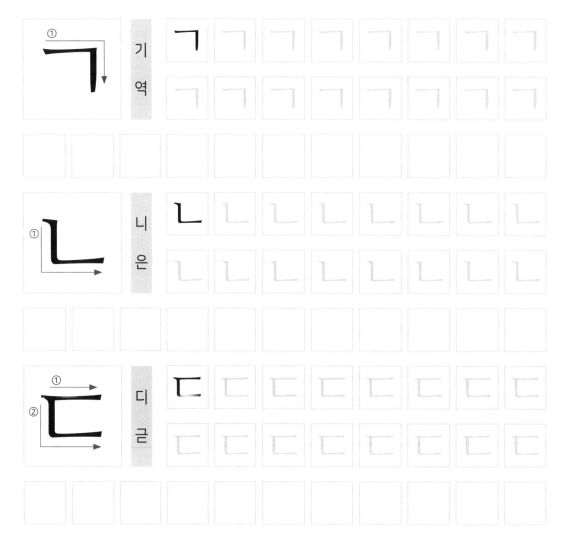

ㄹ 리을

ㅁ 미음

ㅂ 비읍

ㅅ 시옷

이
응

지
읒

치
읓

키
읔

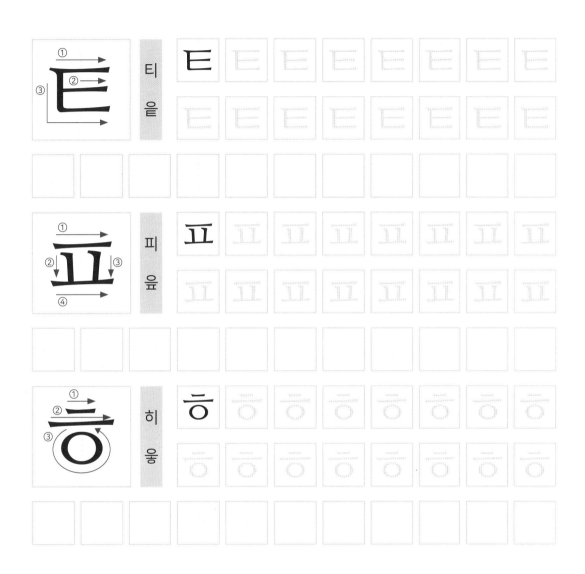

티읕

피읖

히읗

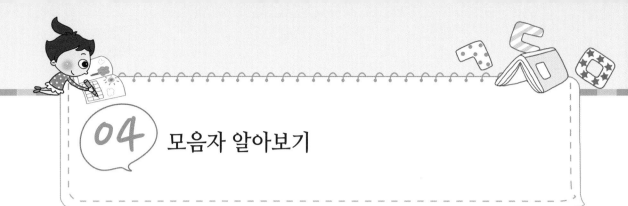

04 모음자 알아보기

 바른 자세로 앉아 글씨를 써 볼까요?

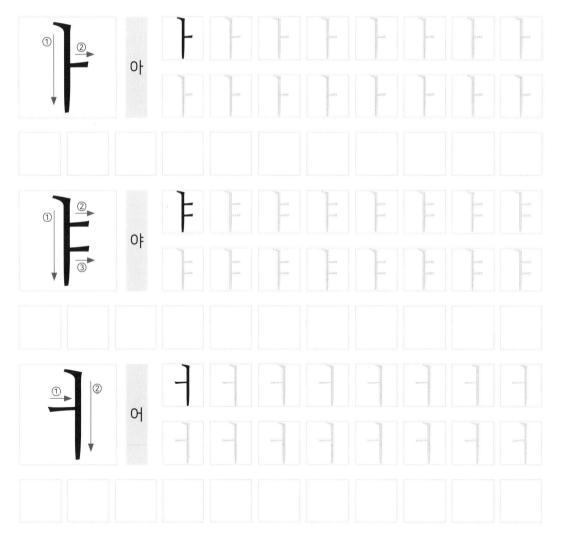

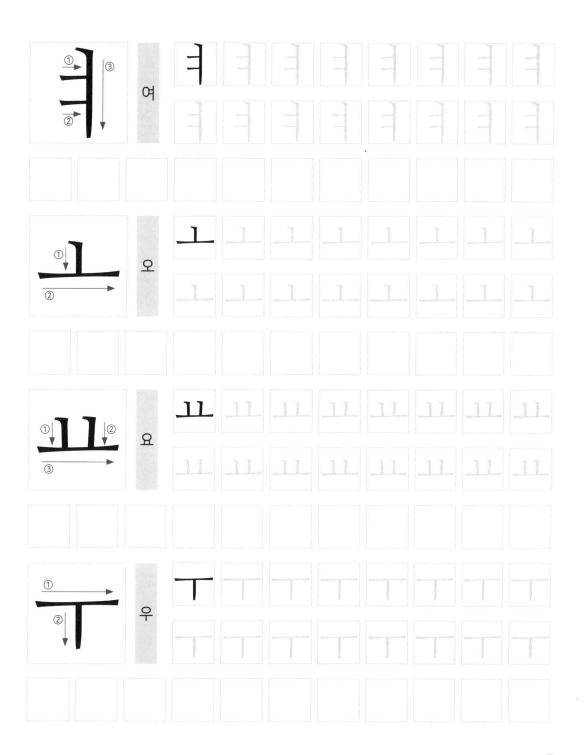

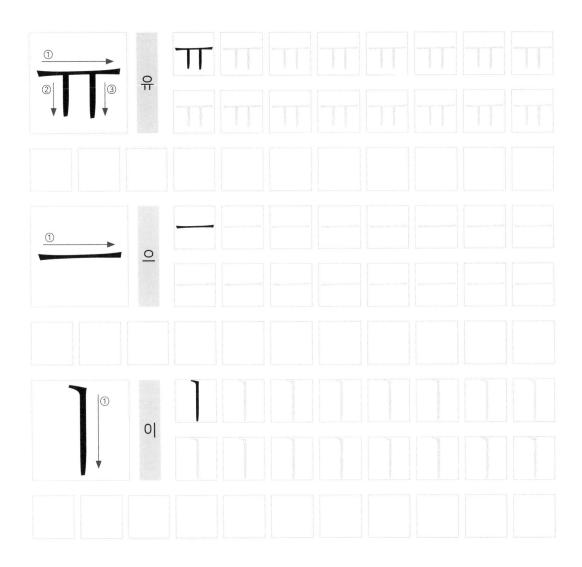

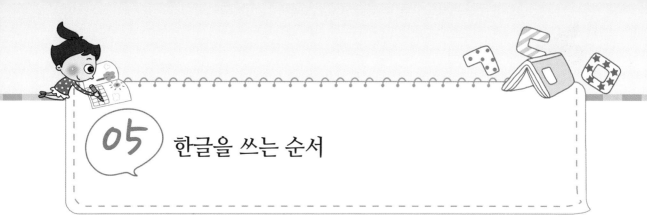

한글을 쓰는 순서

 자음을 먼저 쓴 후 모음을 쓰고 그 다음 받침을 씁니다.

학 = ㅎ ▶ 하 ▶ 학

 왼쪽을 먼저 쓴 후 오른쪽을 씁니다.

까 = ㄱ ▶ ㄲ ▶ 까

흙 = ㅎ ▶ 흐 ▶ 흘 ▶ 흙

애 = ㅇ ▶ 아 ▶ 애

06 한글의 기본 모양

 한글의 기본 모양은 아래와 같이 ◁, △, ◇ 등이 있습니다.

1. ◁ 형태

2. △ 형태

3. ◇ 형태

이장

"소중한 책을 소개해요"

저희끼리

꼼질꼼질

서로서로

예쁘다

발가락 　발가락 　발가락

발가락 　발가락 　발가락

돌잡이 　돌잡이 　돌잡이

돌잡이 　돌잡이 　돌잡이

낚시 　낚시 　낚시

낚시 　낚시 　낚시

괴물 　괴물 　괴물

괴물 　괴물 　괴물 　괴물

물고기는 맛있어요.

끈을 묶는다. 모자를

썼다. 책상을 닦는다.

첫　번째　생일에　돌잔

치를　했습니다. 한두

개를　잡는　것입니다.

책을 잡는 아이는 공

책을 잡는 아이는 공

책을 잡는 아이는 공

부를 잘하게 될 것이

부를 잘하게 될 것이

부를 잘하게 될 것이

라고 여겼습니다.

라고 여겼습니다

라고 여겼습니다

돌잔치를　하면서　아기

가　건강하고　행복하게 V

자라기를　바랐습니다.

두꺼운 책도 얇은 책

두꺼운 책도 얇은 책

두꺼운 책도 얇은 책

도 좋아요. 맞아요, 난∨

도 좋아요. 맞아요, 난∨

도 좋아요. 맞아요, 난∨

책이 정말 좋아요.

책이 정말 좋아요.

책이 정말 좋아요.

02장

"소리와 모양을 흉내 내요"

반짝반짝　　반짝반짝

반짝반짝　　반짝반짝

다닥다닥　　다닥다닥

다닥다닥　　다닥다닥

주렁주렁　　주렁주렁

주렁주렁　　주렁주렁

쏙쏙　쏙쏙　쏙쏙　쏙쏙

쏙쏙　쏙쏙　쏙쏙　쏙쏙

벌렁벌렁　벌렁벌렁

벌렁벌렁　벌렁벌렁

끊다　끊다　끊다　끊다

끊다　끊다　끊다　끊다

여덟　여덟　여덟　여덟

여덟　여덟　여덟　여덟

없다　없다　없다　없다

없다　없다　없다　없다

값　값　값　값　값　값

값　값　값　값　값　값

없어　없어　없어　없어

없어　없어　없어　없어

가엾다　가엾다　가엾다

가엾다　가엾다　가엾다

괜찮아　괜찮아　괜찮아

괜찮아　괜찮아　괜찮아

해바라기가　쏙쏙　싹을∨

티웠습니다. 비가　주룩

주룩　내렸습니다.

햇볕이 쨍쨍 내리쬐었

습니다. 해바라기는 꽃

을 활짝 피웠습니다.

나뭇잎이 살랑살랑 움

직입니다. 바람이 씽씽∨

나도 친구도 헉헉헉.

단풍이 울긋불긋 예쁘

게 물들어 있었다. 신

이 나서 멍멍 짖었다.

깔깔　웃으며　이리저리∨

뛰어다녔다.　놀이터에

앉아서　친구와　놀았다.

모래성을 많이 쌓았다.

모래성을 많이 쌓았다.

모래성을 많이 쌓았다.

호랑이가 납작 엎드립

호랑이가 납작 엎드립

호랑이가 납작 엎드립

니다. 이를 닦았습니다.

니다. 이를 닦았습니다.

니다. 이를 닦았습니다.

03장

"문장으로 표현해요"

굵은　굵은　굵은　굵은

굵은　굵은　굵은　굵은

얇은　얇은　얇은　얇은

얇은　얇은　얇은　얇은

뚫다　뚫다　뚫다　뚫다

뚫다　뚫다　뚫다　뚫다

젊다　젊다　젊다　젊다

젊다　젊다　젊다　젊다

핥다　　핥다　　핥다　　핥다
핥다　　핥다　　핥다　　핥다

꿇다　　꿇다　　꿇다　　꿇다
꿇다　　꿇다　　꿇다　　꿇다

옮기다　　옮기다　　옮기다
옮기다　　옮기다　　옮기다

읽다　　읽다　　읽다　　읽다
읽다　　읽다　　읽다　　읽다

옥신각신　옥신각신
옥신각신　옥신각신

다툼　다툼　다툼　다툼
다툼　다툼　다툼　다툼

나뭇잎　나뭇잎　나뭇잎
나뭇잎　나뭇잎　나뭇잎

화해　화해　화해
화해　화해　화해　화해

　"여러분, 모두　여기

를　보세요."

　"토끼가　나왔네요!"

　"동화책을　읽을　거

야.　재미있겠지?"

'정말　착하구나!'

나무 밑에서 잠을 자

던 원숭이가 기린에게∨

버럭 소리를 질렀어요.

코끼리가　말했어요.

코끼리가　말했어요.

코끼리가　말했어요.

　"우와,　훌륭해!　역

　"우와,　훌륭해!　역

　"우와,　훌륭해!　역

시　사자야."

시　사자야."

시　사자야."

우체통

04장

"바른 자세로 말해요"

생 신 날　　생 신 날　　생 신 날

생 신 날　　생 신 날　　생 신 날

깜 짝　　깜 짝　　깜 짝　　깜 짝

깜 짝　　깜 짝　　깜 짝　　깜 짝

함 박 웃 음　　함 박 웃 음

함 박 웃 음　　함 박 웃 음

흉 내　　흉 내　　흉 내　　흉 내

흉 내　　흉 내　　흉 내　　흉 내

침대

회사

주전자

변기

줄무늬 　줄무늬　 줄무늬
　줄무늬 　줄무늬 　줄무늬

넥타이 　넥타이 　넥타이
　넥타이 　넥타이 　넥타이

치킨 　치킨　 치킨 　치킨
　치킨 　치킨 　치킨 　치킨

뾰족뾰족 　뾰족뾰족
　뾰족뾰족 　뾰족뾰족

말 도 안 하 고 나 가 시

면 어 떡 해 요 ? 꼭 오

시 라 고 하 셨 어 요 .

내 꿈은 요리사입니다.

내 꿈은 요리사입니다.

내 꿈은 요리사입니다.

많은 사람이 행복해졌

많은 사람이 행복해졌

많은 사람이 행복해졌

으면 좋겠습니다.

으면 좋겠습니다.

으면 좋겠습니다.

하루는 아버지가 딸

셋을 한자리에 불러

이렇게 말했어요.

그런데 막내딸은 산에∨

올라가 콩을 미끼로

써서 꿩을 잡았어요.

달�걀을 낳으면 병아리

를 까게 하여 다시

어미 닭으로 키웠어요.

"누나! 털이 송송

난 아빠 발이 아직

도 침대에 있어!"

05장

"알맞은 목소리로 읽어요"

젓가락

윷가락

노랫말

짝꿍

참새

노랑나비

며칠

구두쇠

국밥집　국밥집　국밥집

국밥집　국밥집　국밥집

엽전　엽전　엽전　엽전

엽전　엽전　엽전　엽전

창피　창피　창피　창피

창피　창피　창피　창피

웃음　웃음　웃음　웃음

웃음　웃음　웃음　웃음

얘들아, 우리 집에 와.

얘들아, 우리 집에 와.

얘들아, 우리 집에 와.

집에 즐거운 일이 있

집에 즐거운 일이 있

집에 즐거운 일이 있

으면 집이 꽉 찹니다.

으면 집이 꽉 찹니다.

으면 집이 꽉 찹니다.

나무에 둥지를 틀고

나무에 둥지를 틀고

나무에 둥지를 틀고

고운 알을 소복하게

고운 알을 소복하게

고운 알을 소복하게

낳아 놓았습니다.

낳아 놓았습니다.

낳아 놓았습니다.

모두　새끼　새가　되었

습니다.　둥지째　떼어

갈까?　그럼　그러지.

하느님, 하느님, 저희를 ∨

살리시려거든 굵은 밧

줄을 내려 주세요.

국밥집 앞을 지나면서∨

국밥 냄새를 맡았어요.

화를 내며 말했어요.

구두쇠 영감의 귀에

대고 흔들었어요. 모두∨

웃음을 터뜨렸어요.

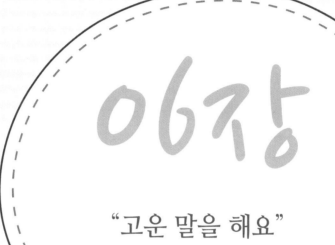

06장

"고운 말을 해요"

박쥐 박쥐 박쥐 박쥐

박쥐 박쥐 박쥐 박쥐

듬성듬성 듬성듬성

듬성듬성 듬성듬성

오도독 오도독 오도독

오도독 오도독 오도독

열매 열매 열매 열매

열매 열매 열매 열매

장난감　　장난감　　장난감

잠깐　　잠깐　　잠깐

까닭　　까닭　　까닭

숙제　　숙제　　숙제

귀엽게 　귀엽게 　귀엽게

귀엽게 　귀엽게 　귀엽게

맨날 　맨날 　맨날 　맨날

맨날 　맨날 　맨날 　맨날

제대로 　제대로 　제대로

제대로 　제대로 　제대로

열심히 　열심히 　열심히

열심히 　열심히 　열심히

어느 날 몽몽 숲에

어느 날 몽몽 숲에

어느 날 몽몽 숲에

동물들이 찾아왔어.

동물들이 찾아왔어.

동물들이 찾아왔어.

오순도순 나눠 먹었어.

오순도순 나눠 먹었어.

오순도순 나눠 먹었어.

머리　위로　열매가　후

머리　위로　열매가　후

머리　위로　열매가　후

두둑, 따다닥!　가시나

두둑, 따다닥!　가시나

두둑, 따다닥!　가시나

무에　매달려　훌쩍훌쩍.

무에　매달려　훌쩍훌쩍.

무에　매달려　훌쩍훌쩍.

달콤 박쥐와 뽀족 박

쥐가 사이좋게 대롱대

롱. 무슨 맛이 이래?

우리 책 바꿔 읽자.

우리 책 바꿔 읽자.

우리 책 바꿔 읽자.

잃어버린 줄 알았는데∨

잃어버린 줄 알았는데∨

잃어버린 줄 알았는데∨

찾아서 다행이다.

찾아서 다행이다.

찾아서 다행이다.

07장

"무엇이 중요할까요"

도 토 리　도 토 리　도 토 리
도 토 리　도 토 리　도 토 리

꼬 리　꼬 리　꼬 리　꼬 리
꼬 리　꼬 리　꼬 리　꼬 리

꼭 지　꼭 지　꼭 지　꼭 지
꼭 지　꼭 지　꼭 지　꼭 지

햇 볕　햇 볕　햇 볕　햇 볕
햇 볕　햇 볕　햇 볕　햇 볕

칭찬　칭찬　칭찬　칭찬
칭찬　칭찬　칭찬　칭찬

맷돌　맷돌　맷돌　맷돌
맷돌　맷돌　맷돌　맷돌

기우뚱　기우뚱　기우뚱
기우뚱　기우뚱　기우뚱

소곤소곤　소곤소곤
소곤소곤　소곤소곤

손뼉　　손뼉　　손뼉　　손뼉

손뼉　　손뼉　　손뼉　　손뼉

미끌미끌　　미끌미끌

미끌미끌　　미끌미끌

깨끗이　　깨끗이　　깨끗이

깨끗이　　깨끗이　　깨끗이

껍질　　껍질　　껍질　　껍질

껍질　　껍질　　껍질　　껍질

그런데 그 이야기를

엿듣던 도둑은 고약한 ∨

마음을 먹었어요.

맷돌에서　하얀　소금이∨

맷돌에서　하얀　소금이∨

맷돌에서　하얀　소금이∨

쏟아져　나왔고,　점점

쏟아져　나왔고,　점점

쏟아져　나왔고,　점점

배　안에　쌓여　갔어요.

배　안에　쌓여　갔어요.

배　안에　쌓여　갔어요.

회전목마를 탈 생각을∨

하니 마음이 설렜다.

아버지는 마차에 탔다.

크게 다칠 수 있다고∨

말씀하셨다. 앞으로 불

조심을 해야겠다.

앉을 때에는 큰 소리

앉을 때에는 큰 소리

앉을 때에는 큰 소리

가 나지 않도록 의자

가 나지 않도록 의자

가 나지 않도록 의자

를 조심히 옮깁니다.

를 조심히 옮깁니다.

를 조심히 옮깁니다.

사냥꾼이 살금살금 다

가왔어요. 깜짝 놀라서 V

푸드덕 날아갔지요.

08장

"띄어 읽어요"

햇곡식 햇곡식 햇곡식
햇곡식 햇곡식 햇곡식

비사치기 비사치기
비사치기 비사치기

가위 가위 가위 가위
가위 가위 가위 가위

손잡이 손잡이 손잡이
손잡이 손잡이 손잡이

뿌리　뿌리　뿌리　뿌리
뿌리　뿌리　뿌리　뿌리

단춧구멍　단춧구멍
단춧구멍　단춧구멍

누렇게　누렇게　누렇게
누렇게　누렇게　누렇게

벌떡　벌떡　벌떡　벌떡
벌떡　벌떡　벌떡　벌떡

거짓말 거짓말 거짓말

거짓말 거짓말 거짓말

표지판 표지판 표지판

표지판 표지판 표지판

정답게 정답게 정답게

정답게 정답게 정답게

숯 숯 숯 숯 숯

숯 숯 숯 숯 숯 숯

오랜만에　만난　가족은∨

도란도란　이야기를　나

누며　음식을　만듭니다.

손바닥만 한 돌멩이를∨

손바닥만 한 돌멩이를∨

손바닥만 한 돌멩이를∨

준비합니다. 상대의 돌

준비합니다. 상대의 돌

준비합니다. 상대의 돌

을 넘어뜨립니다.

을 넘어뜨립니다.

을 넘어뜨립니다.

무릎 사이에 끼워 옮

길 수도 있습니다. 다∨

넘어뜨리면 이깁니다.

여러　가지　색이　섞인∨

여러　가지　색이　섞인∨

여러　가지　색이　섞인∨

것도　있습니다. 우리

것도　있습니다. 우리

것도　있습니다. 우리

몸을　튼튼하게　합니다.

몸을　튼튼하게　합니다.

몸을　튼튼하게　합니다.

엄마 품에 폭 안길

엄마 품에 폭 안길

엄마 품에 폭 안길

만큼 아주 작아요. 소

만큼 아주 작아요. 소

만큼 아주 작아요. 소

년은 힘껏 외쳤어요.

년은 힘껏 외쳤어요.

년은 힘껏 외쳤어요.

이야기를   나누며   송편

이야기를   나누며   송편

이야기를   나누며   송편

을   빚었습니다. 볶거나∨

을   빚었습니다. 볶거나∨

을   빚었습니다. 볶거나∨

튀길   때   씁니다.

튀길   때   씁니다.

튀길   때   씁니다.

09장

"겪은 일을 글로 써요"

날씨　　날씨　　날씨　　날씨
날씨　　날씨　　날씨　　날씨

단풍　　단풍　　단풍　　단풍
단풍　　단풍　　단풍　　단풍

파란색　　파란색　　파란색
파란색　　파란색　　파란색

빨간색　　빨간색　　빨간색
빨간색　　빨간색　　빨간색

화나다　　화나다　　화나다

화나다　　화나다　　화나다

신나다　　신나다　　신나다

신나다　　신나다　　신나다

기쁘다　　기쁘다　　기쁘다

기쁘다　　기쁘다　　기쁘다

부끄럽다　　부끄럽다

부끄럽다　　부끄럽다

불쌍하다　　불쌍하다

불쌍하다　　불쌍하다

멋지다　멋지다　멋지다

멋지다　멋지다　멋지다

무섭다　무섭다　무섭다

무섭다　무섭다　무섭다

귀찮다　귀찮다　귀찮다

귀찮다　귀찮다　귀찮다

물고기가　단풍처럼　빨

갱기　때문이다.　겪은

일을　살펴봅시다.

모둠마다 가게를 만들

었다. 내 물건이 팔릴∨

때 기분이 좋았다.

내가 읽고 싶었던 책

을 찾아서 반가웠다.

더 자주 가고 싶다.

연날리기를　했다. 하늘

에서　떨어지지　않고

나는　것이　신기했다.

10장

"인물의 말과 행동을 상상해요"

썰매

얼음판

쫑긋쫑긋

길쭉길쭉

필요

붉은

들풀

환하게

힘 겹 게 　 힘 겹 게 　 힘 겹 게

힘 겹 게 　 힘 겹 게 　 힘 겹 게

성 큼 　 성 큼 　 성 큼 　 성 큼

성 큼 　 성 큼 　 성 큼 　 성 큼

불 쑥 　 불 쑥 　 불 쑥 　 불 쑥

불 쑥 　 불 쑥 　 불 쑥 　 불 쑥

잽 싸 게 　 잽 싸 게 　 잽 싸 게

잽 싸 게 　 잽 싸 게 　 잽 싸 게

밤이나 낮이나 쉬지

밤이나 낮이나 쉬지

밤이나 낮이나 쉬지

앉고 옷을 만들었어요.

앉고 옷을 만들었어요.

앉고 옷을 만들었어요.

멋진 옷을 부탁했어요.

멋진 옷을 부탁했어요.

멋진 옷을 부탁했어요.

물고기들이 헤엄쳐 와∨

어여쁜 옷을 졸랐어요.

다리를 뽐낼 거예요.

팔랑거리는 치마가 좋

아요. 모두 꿈꿔 왔던∨

옷을 입어 보았어요.

흐뭇한 미소를 지으며∨

흐뭇한 미소를 지으며∨

흐뭇한 미소를 지으며∨

말했어요. 배를 만들어∨

말했어요. 배를 만들어∨

말했어요. 배를 만들어∨

바다를 건넜어요.

바다를 건넜어요.

바다를 건넜어요.

걱정하지　않게　되었어

요.　밤하늘에는　별들이∨

총총　빛나고　있었지요.

웅크리고 있는 한 아

이를 보았어요. 우렁찬∨

목소리로 외쳤어요.